RENNES AU XVIIᵉ SIÈCLE

DOCUMENTS DE LA VIE PRIVÉE

RECUEILLIS & ANNOTÉS

PAR

FRÉDÉRIC SAULNIER

CONSEILLER A LA COUR D'APPEL DE RENNES

Ancien président de la Société Archéologique d'Ille-et-Vilaine.

RENNES

IMPRIMERIE DE CH. CATEL ET Cⁱᵉ

Rue Leperdit, 2 bis.

1885

Extrait des *Mémoires de la Société Archéologique d'Ille-et-Vilaine*,
tome **XVII**, et tiré à part à vingt-cinq exemplaires.

RENNES AU XVIIe SIÈCLE

—

DOCUMENTS DE LA VIE PRIVÉE

On commence à apprécier à sa valeur une source d'information à laquelle on n'attachait jadis, au point de vue historique, qu'une médiocre importance. Il y a cinquante ans, qui songeait, sauf peut-être Alexis Monteil, à inventorier ces liasses de minutes poudreuses que les notaires relèguent dans quelque arrière cabinet de leur étude? On y recourait seulement lorsqu'il fallait retrouver un aveu, un partage, une transaction pour la solution d'un litige ou un établissement de propriété.

On sait aujourd'hui ce que recèlent de données certaines, exactes et curieuses sur la vie de nos pères, ces actes notariés qui touchent à tous les intérêts privés, les plus considérables comme les plus minces. Il y a deux cents ans, le tabellion n'avait pas pour unique fonction — du moins en province — de rédiger des contrats de mariage, de vente et de louage, des procurations et des testaments, des partages et des inventaires. On s'adressait à lui pour les ventes après décès, pour les enquêtes officieuses, pour la constatation authentique des faits dont on voulait garder trace : sa plume était toujours et pour tout au service de ses clients.

1

Si l'on recherche comment nos ancêtres se logeaient, se meublaient, administraient leur fortune, gouvernaient leur famille, c'est dans les minutes notariales qu'on trouve une réponse à toutes ces questions. Et combien de détails minutieux ou naïfs, partant caractéristiques, y rencontre-t-on que leurs successeurs ont éliminés, au grand dommage des chercheurs futurs.

Ce qui est précieux dans beaucoup de ces actes, c'est qu'ils renseignent sur les menus contrats de chaque jour, maintenant insaisissables, parce qu'on ne les passe plus par écrit. A-t-on besoin pour une réparation d'un couvreur, d'un maçon, d'un menuisier, on s'entend verbalement avec lui : tout au plus lui demande-t-on un devis sur un bout de papier. Au XVIIe siècle, la plupart des hommes de métier ne savaient pas écrire; puis, on était défiant. Un bon acte devant notaire, avec stipulation d'exécution, de vente et de *prinson fermée* à la charge du contrevenant, garantissait efficacement le propriétaire, pensait-on, contre les erreurs de mémoire et les négligences de l'ouvrier. Il en était de même pour les marchés de denrées et de combustibles, comme ceux qu'on conclut maintenant en quelques mots : on voulait un contrat en règle.

Et pour l'histoire des familles et des terres, combien de révélations intéressantes sont enfouies dans ces transactions, si nombreuses à cette époque, où le plus clair des revenus se dépensait en frais de justice. Toute succession à partager, tout compte de tutelle à rendre amenait un procès ou pour mieux dire une suite de procès. On commençait par plaider pendant vingt ou trente ans, quelquefois plus, avant de chercher à s'entendre. Les solutions définitives se faisaient attendre si longtemps que de guerre lasse, sur le conseil de sages amis, on se décidait enfin à se faire des concessions réciproques. L'acte qui les relatait débutait presque invaria-

blement par ces mots : « *Comme ainsy soit que vers l'année...* » Suivait un exposé complet des faits, de la procédure
et des prétentions réciproques. Cet historique est une mine
de renseignements généralement exacts et d'autant plus précieux qu'ils concernent souvent des familles dont les papiers
ont disparu.

Il existe une collection de ces vieux actes aux archives de
la Cour d'Appel de Rennes ; elle provient sans doute de
quelques charges supprimées au moment de la Révolution.
Par un heureux hasard, on y a compris des minutes du
xviie siècle provenant des meilleures études de Rennes, de
celles qui avaient fixé la clientèle la plus riche et la plus aris-
tocratique.

Au cours de recherches dirigées dans un autre but, nous
avons relevé un certain nombre de ces documents, parmi les
plus anciens[1] ; il nous ont paru présenter un intérêt général
et constituer par leur réunion un ensemble instructif. En les
parcourant, nos lecteurs se trouveront transportés dans un
état de choses entièrement détruit et depuis longtemps, —
car cent ans plus tard, des modifications profondes s'étaient
introduites dans les mœurs et les habitudes. Ils évoqueront
avec nous le vieux Rennes du temps de Louis XIII et des
premières années du règne de Louis XIV. Quelques débris
encore debout permettent de réédifier par la pensée l'ancienne
ville, ses voies étroites, ses maisons de bois obscures et
incommodes. En lisant nos textes devant ces reliques archéo-
logiques, on se fera du passé de notre cité et de la vie de
nos ancêtres une idée plus précise et plus saisissante.

---

1. Ils sont presque tous empruntés aux minutes de Julien Pinot, qui
exerça son ministère de 1623 à 1657.

I

VENTE APRÈS DÉCÈS

(Décembre 1624.)

Au XVIIe siècle, la plupart des conseillers au Parlement n'avaient à Rennes qu'un pied-à-terre : ne devant que six mois de service, ils résidaient, hors leur semestre, au lieu où était leur principal établissement, celui où vivait habituellement leur famille. La moitié du personnel était étrangère à la Bretagne : ceux qu'on appelait les non originaires, presque tous Angevins ou Manceaux, n'amenaient presque jamais leurs femmes et leurs enfants, à moins qu'ils ne fussent fixés en Bretagne.

C'était le cas de Mathieu Fourché, seigneur de Quéhillac, qui siégea au Parlement de 1610 à 1624; il habitait Nantes [1]. Au moment de sa mort, il occupait rue Saint-Georges un logis dont l'inventaire, dressé le 7 décembre 1624, nous donne la description : au rez-de-chaussée, une cuisine; au-dessus, à mi-étage, une antichambre; au premier étage, une chambre haute donnant sur la rue, un cabinet de travail *(l'estude)* à côté; une chambre sur le derrière et au-dessus un galetas. C'était, on le voit, aussi sommaire que possible.

On procéda deux jours après à la vente mobilière : en sollicitant du sénéchal de Nantes l'autorisation à ce nécessaire,

---

1. Mathieu Fourché, seigneur de Quéhillac, fut reçu au Parlement de Bretagne le 31 mars 1610; il était fils de Jean Fourché, sieur de la Couroussserie et de Quéhillac, maître des comptes et maire de Nantes (1597-1598).

la veuve et les enfants du défunt exposaient qu'il y avait
« quelques espèces de meubles de peu de valleur desquels il
« se servait estant à Rennes à sa séance. » On jugera, en
effet, par le procès-verbal qui suit de la simplicité des habitudes du haut personnage qui se contentait d'un tel mobilier.
D'ailleurs, sa femme avait aussi habité ce logis de la rue
Saint-Georges et deux de ses enfants y étaient nés.

On remarquera, parmi les objets vendus, les livres de droit
du conseiller Fourché. Sa bibliothèque juridique peu consi-
dérable montre, par le choix des ouvrages, qu'il voulait sur-
tout avoir sous la main des guides pratiques pour y trouver
promptement la solution des questions soumises à son exa-
men. Les *Antiquités gauloises* de Fauchet, les arrêts de Papon,
les œuvres de Bacquet et quelques traités de Chopin compris
dans l'inventaire n'ont pas été mis en vente.

Inventaire de la vante des biens meubles et choses réputées por
meubles trouvées après le décès de deffunct Mr Me Mathieu Fourché, vivant escuier, seigneur de Quehillac, conʳ du Roy en sa cour
de parlement de ce pais, dans un logis où il se tenoit près la rue
Sᵗ Georges en ceste ville de Rennes lorsqu'il estoict en son semestre, faicte à requeste et en présence de Me Guillaume Boussart,
cy devant clerc dud. feu seigneur de Quehillac, procureur de dame
Guionne Bouriau [1], veufve dud. feu seigneur de Quehillac, mère
et tutrice de damoiselle Louise Fourché [2], leur fille mineure,

1. Guyonne Bouriau avait épousé en premières noces Guillaume Thevin,
conseiller au Parlement de Bretagne, dont elle a eu notamment une fille,
Judith Thevin, mariée à Charles Champion de Cicé. De son second mariage
sont aussi nés plusieurs enfants, dont un seul a survécu. (Voir la note sui-
vante.)

2. Louise Fourché, demoiselle de Quéhillac, fille unique du second mariage de Guyonne Bouriau, née et baptisée en Saint-Germain de Rennes le
28 octobre 1619, a été la première femme du célèbre surintendant Nicolas
Fouquet ; elle est morte à Paris le 21 août 1641 et a été inhumée le 23 au
couvent de la Visitation.

Mr Me Jean Fourché [1], escuier, s^r du Bezou, con^{er} du Roy, M^e ord^{re} en sa chambre des comptes de ce pais, et noble et discret Mre Jan Fouché, archidiacre de Nantes, cotuteur de lad. mineure, co^e a presentement apareu par procuration passée par la cour royale-de Nantes le vingt sept nov^{bre} der^r signé Jean Fourché, Guionne Bourriau, J. Fourché, Bonnet et Rouxeau, n^{res} royaux aud. Nantes, à laquelle a esté vacqué par moi Julien Pinot, no^{re} royal aud. Rennes, suivant la commission de ce j^r me denoncée par M^r le sén^{al} dud. Nantes, lesdits jo^r dix sept de novembre d^r au pied d'une req^{te} lui p^{ntée} par lesd. Bourriau et Fourché et ce suivant les bannies et assignations à lad. vante par led. Boussart nous déclaré faict donner le huict du p^{nt} mois aux prosnes des grandes messes des paroisses de St Germain et St Georges dud. Rennes desquelles il est demeuré saesy et vont estre lesd. meubles solluz par le consentem^t dud. Boussart aux prix, personnes cy après... à laq^{le} vante a esté vacqué les jours, mois et an cy après en présance de Jan Beaucé, menuisier, et Gillette Mouny, revenderesse, Ollivier Gascher, bannisseur, et aussi en présance d'autres personnes.

Du lundi neuf^e jo^r de décembre mil six cent vingt quatre au logix où se tenoict led. deffunct seigneur de Quehillac aud. Rennes.

Une pere dermoire (*armoire*) de bois de chesne à quatre buffets fermant à une clef seullemant po^r mettre de la chandelle absolue à da^{elle} Jeanne Couriolle [2], dame de la Forest, po^r monsieur des Briottières de Lesrat [3], con^{er} à la cour, quatre livres dix sols,

---

1. Jean Fourché, seigneur de Bezou, puis de Quéhillac, maître des comptes de Bretagne, est devenu, en 1644, conseiller au Parlement de Rennes; il devait être issu d'un premier mariage de Mathieu Fourché. Procureur général syndic des États de 1657 à 1675, il est décédé à Paris pendant une mission en cour.

2. Jeanne Couriolle était, en 1619, femme de Georges de Kerguézec, seigneur de Brays, conseiller au Parlement.

3. Guy de Lesrat, seigneur des Briottières et du Plessis-Guerry, conseiller au Parlement depuis 1608, était beau-frère du défunt; il avait épousé Françoise Fourché, sa sœur.

cy. . . . . 4^l 10^s

Une table de bois de chesne portée sur chassix absolue à lad. dam^elle de la Forest faisant pour mond. s^r des Briottières, trente cinq sols, cy. . . . . » 35^s

Une table en bois de noyer qui se tire par les deux bouts, portée sur quatre coulomnes, adjugée à lad. Couriolle faisant po^r mond. s^r de Lesrat à sept livres, cy. . 7^l »

Autre petite pere dermoires avec huisset fermant à clef absolue à lad. dam^elle de la Forest faisant po^r mond. s^r de Lesrat à quatre livres quinze sols, cy. . . . . 4^l 15^s

Une table simple portée sur chassix absolue à lad. dam^elle de la Forest faisant po^r mond. s^r des Briottières, à soixante sols, cy. . . . . 3^l »

Un charlit de bois de noyer avec sa fonsaille absolue à dam^elle ..... dame de Gallisson [1] à dix livres onze sols. 10^l 11^s

Autre charlit de bouais de noyer absolu à lad. dam^elle de Gallisson à sept livres, cy. . . . . 7^l »

Une couchette de bouais avecq ses roullettes adjugée à lad. dam^elle de Gallisson à trante deux sols, cy.. . . . . » 32^s

Une table de bouais avec sex coulomnes et chassix adjugée à lad. dam^elle de Gallisson à soixante cinq sols, cy. . . . . 3^l 5^s

Deux cheres (*chaises*) de bouais de noyer couvertes de cuir doré adjugées à lad. dam^elle de Gallisson à soixante quatre sols, cy. . . . . 3^l 4^s

Autre grande chere couverte de vellour vert adjugée à lad. dam^lle de Gallisson à trante deux sols, cy. . . . . . » 32^s

Quatre autres petites cheres embourrées adjugées pareillement à lad. damoiselle de Gallisson à cent cinq sols au prix de vingt six sols trois deniers pièce. . . . . . . 5^l 5^s

Autre petite chere de bouais de noyer qui n'est point embourrée adjugée à la d^elle de Gallisson à vingt cinq sols, cy. . . . . » 25^s

---

1. Jeanne Adam, femme de Sébastien Riaud, sieur de Galisson, écuyer, conseiller au présidial de Rennes.

. Une couete de plume d'oye avec son couettin couverte d'un failly linseul adjugé à la dam^elle de Gallisson à vingt livres, cy. . . . .   20^l   »

Autre couette avecq son couettin et un tavers de lit adjugée à dam^elle ..... dame de la Raumaye à douze livres, cy. . . . .   12^l   »

Autre couette plus moindre avec son couettin adjugée à lad. damoiselle de Gallisson à dix livres cinq sols, cy.   10^l   5^s

Deux travers de lit et couettin remplys de plume adjugés à lad. dam^lle de Gallisson à sex livres au prix de soixante sols chaincun, cy. . . . .   6^l   »

Un matelats absolu à lad. dam^lle de Gallisson à dix livres, cy. . . . .   10^l   »

Deux petits oreillers de couetten remplis de plume adjugés à lad. dam^lle de Gallisson à trante deux sols à raison de saize sols pièce, cy. . . . .   »   32^s

Du mardi dixiesme desd. mois et an dans led. logix et ..... en presance des cy devant nommés et autres.

Une paillasse adjugée à lad. damoiselle de Gallisson à quarante huit sols, cy. . . . .   »   48^s

Deux grands landiers en fer (avec leurs pommettes) enrichis de cuivre par le hault absolus à lad. dam^lle de Gallisson à sept livres cinq sols, cy. . . . .   7^l   5^s

Deux autres moiens landiers à crochet adjugés à lad. damoiselle de Gallisson à soixante huit sols, cy. . . . .   3^l   8^s

Deux autres landiers de cuisine fort petits adjugés à lad. dam^elle de Gallisson à quarante sols, cy. . . . .   »   40^s

Une cremillère (*crémaillère*) adjugée à lad. dam^lle de Gallisson à dix huit sols, cy. . . . .   »   18^s

Une broche de fer adjugée pareillement à lad. dam^lle de Gallisson à dix sols, cy. . . . .   »   10^s

Une pelle de feu adjugée à lad. damoiselle de Gallisson à huict sols, cy. . . . .   »   8^s

Une marmite de fer adjugée à lad. dam^lle de Gallisson

à vingt quatre sols, cy. . . . . » 24ˢ

Une gresle absolue à lad. damoiselle de Gal-
lisson à dix sols, cy. . . . . » 10ˢ

Une pere de mollets à atisser le feu adjugée
à lad. dam^elle de Gallisson à douze sols, cy. . . . » 12ˢ

Une pelle (*poêle*) à fricasser adjugée à lad.
dam^elle de Gallisson à vingt quatre sols, cy. . . » 24ˢ

Un tapis de cuir adjugé à lad. dam^elle de Gallisson à cinq sols, cy. . . . . » 5ˢ

Une couverture rouge adjugée à lad. damoiselle de Gallisson à soixante quatre sols, cy.. . . 3ˡ 4ˢ

Autre couverture blanche adjugée à lad. damoiselle de Gallisson à quarante sols, cy. . . . . 2ˡ »

Un chaudron (qui tient environ une seillée
d'eau) adjugé à lad. dam^elle de Gallisson à quarante sols, cy. . . . . 2ˡ »

Une petite table carrée absolue à lad. dam^elle
de la Forest faisant pour led. sʳ de Lesrat à cinq^te
sols, cy.. . . . . 2ˡ 10ˢ

Un vieux charlict de bouays de noyer avecq
ses fonsailles sans ferreures adjugé à lad. dam^elle
de la Forest poʳ mond. sʳ de Lesrat à cent quinze
sols, cy. 5ˡ 15ˢ

Autre petite table portée sur chassix lesquels
sont de chesne et le dessus de noyer absolue à
lad. dam^elle de la Forest faisant poʳ le sʳ de Lesrat
à trante six sols, cy. . . . . » 36ˢ

payé   Soixante deux livres et demye de veselle (d'é-
tain) à dix sols la livre absolue à mad^elle de Lau-
brière le Febvre à trante une livre quatre sols, cy. 31ˡ 4ˢ

Deux paniers de mannequins et deux petits
paniers absolus à lad. dam^elle de Gallisson à dix
sols, cy. . . . . » 10ˢ

Un petit coffre de bois fermant à clef trante
cinq sols, cy. . . . . » 35ˢ

Une couette de coueten remplye de plume ab-

solue à lad. dam^{elle} de Gallisson à quatorze livres, cy. . . . . 14ˡ »

  Deux couvertures blanches adjugées à lad.
dam^{elle} de Gallisson à trante deux sols, cy. . . . » 32ˢ

payé Un petit pot de fayance blanc adjugé à lad.
dam^{elle} de la Forest po^r elle en privé nom à trois
sols, cy. . . . . » 3ˢ

payé Un grand berceau sans fonsaille absolu po^r
mons^r de la Cocquerye à vingt sols, cy. . . . . . » 20ˢ

payé Une petite chere de bois de noyer propre po^r
mettre un enfant à la table adjugée à mons^r de
la Cocquerye à trante deux sols, cy. . . . . » 32ˢ

payé Une pere dermoires de bois de noyer avecq
deux clefs et claveures absolue à lad. dam^{elle} de la
Forest po^r elle en privé nom à neuf livres, cy. . 9ˡ »

payé Deux grands chandelliers de cuivre absolus à
Jullien Jan à cinquante sols, cy. . . . . » 50ˢ

  Un pupitre de bouais adjugé à lad. dam^{elle} de
Gallisson à huict sols, cy. . . . . » 8ˢ

  Un failly escabeau de bois adjugé à lad. dam^{lle}
de Gallisson à huict sols, cy. . . . . » 8ˢ

  Un traversier de lict de couetin absolu à lad.
dam^{lle} de Gallisson à vingt cinq sols, cy. . . . . » 25ˢ

  Un oreiller de couetin remply de plume absolu
à lad. dam^{lle} de Gallisson à quinze sols, cy. . . . » 15ˢ

payé Un petit pellon d'arrain *(poélon de cuivre)* ac-
queue *(à queue)* adjugé à Jeanne Jusé à dix sols, cy » 10ˢ

  Un lict vert adjugé à lad. dam^{lle} de Gallisson
à quatre livres quinze sols, cy. 4ˡ 15ˢ

  Une paillasse adjugée à lad. dam^{lle} de Gallisson
à vingt six sols, cy. . . . . » 26ˢ

  Deux bancelles (bancs de bois de noyer cou-
verts de tapisserie) absolues à lad. damoiselle de
Gallisson à cent dix sols, cy. 5ˡ 10ˢ

  Une chere douvraiges *(chaise percée)* absolue à
lad. dam^{lle} de Gallisson à vingt sept sols, cy. . . » 27ˢ

Autre chere à braz absolue à lad. dam^lle de Gallisson à trante sols, cy. . . . .   » 30^s

Trois veselles de fayance (rompues par le haut) absolues à lad. dam^elle de Gallisson à six sols, cy.   » 6^s

Un (petit) pavillon de sarge (rouge marquetée de noir) absolue à lad. dam^lle de Gallisson quatre livres et quinze sols, cy. . . . .   4^l 15^s

payé   Deux petites cheres embourrées (couvertes de toile) absolue à lad. dam^elle de la Forest en privé nom à cinquante cinq sols, cy. . . . .   2^l 15^s

payé   Deux grandes cheres de bouais de noyer enrichies de broderies avecq des clous jaulnes absolues à Gillette Moullin à quatre livres, cy. . . .   4^l »

payé   Un lict de bouais de clice adjugé à lad. Moullin à douze sols, cy. . . . .   » 12^s

payé   Une petite couchette de bouays de noyer absolue à honorable femme Perronnelle le Do[1] à trois livres quinze sols. . . . .   3^l 15^s

payé   Une couette de coueten remplye de plume d'oye couverte et ensouillée d'un failly linceul absolue po^r Mr de la Cocquerye[2], con^er, à vingt sept livres, cy. . . . .   27^l »

payé   Un escabeau percé adjugé à Jean Leray à quatorze sols, cy. . . . .   » 14^s

payé   Un vieu charlit de bouays de noyer fait à l'anticque adjugé à Oll. Gascher po^r quarante cinq sols, cy. . . . .   2^l 5^s

Une petite chere embourrée (en forme de cacquetoire) adjugée à lad. dam^elle de Gallisson à vingt sols, cy. . . . .   » 20^s

payé   Un travercier de lict adjugé à lad. Moullin à

---

1. Perronnelle **Le Do**, femme de Guillaume Maujouan, sieur du Gasset, procureur au présidial.

2. Pierre Bonnier, seigneur de la Coquerie, conseiller au Parlement depuis 1616 et plus tard président à mortier (1632).

vingt cinq sols, cy. . . . . » 25ˢ

payé   Un failly banc à coffre adjugé à Pierre Cou-
dray à quarante sols, cy. . . . . » 40ˢ

payé   Un petit baril à verjus adjugé aud. Beaucé à
douze sols, cy. . . . . » 12ˢ

Du mercredy unziesme desd. mois et an.

payé   Somma conciliorum en un thome in follio relié
en veau noir absolue à monsieur du Bois Hux [1],
conᵉʳ en la cour, à six livres, cy. . . . . 6ˡ   »

payé   Conferance des ordonnances in follio premier
édition relié en basane vert adjugé à mond. sʳ du
Bois Hux à cinquante sols, cy. . . . . » 50ˢ

payé   Choppin sur la Coustume de Paris in follio relié
en basanne absolue à mond. sʳ du Bois Hux à
trante sols, cy. . . . . » 30ˢ

payé   Praticque de Masuer in carto *(in-quarto)* absolue aud. sʳ du Bois Hux à quinze sols, cy. . . . » 15ˢ

payé   Un Mathiavel *(Machiavel)* in douze absolu à
mond. sʳ du Bois Hux à six sols, cy. . . . . » 6ˢ

payé   Ung arrests de Herissaye en parchemin absolu
à Jullien Pinot, noʳᵉ royal, à vingt un souls, cy. » 21ˢ

payé   Stille des reqᵗᵉˢ in octavo absolu aud. Pinot à
unze sols, cy. . . . . » 11ˢ

payé   Praticque de Imbert carto absolu à monsʳ de
Crespon, adᵃᵗ à la cour, à vingt quatre sols, cy. » 24ˢ

payé   Cocquille sur la Coustume in quarto absolue à
monsieur de la Cocquerye, conᵉʳ à la cour, à
vingt sols, cy. . . . . » 20ˢ

payé   Un premier thome de Ménard ou arrest de
Tholoze cartho absou à mond. sʳ de la Cocquerye, à vingt deux sols, cy. . . . . » 22ˢ

---

1. **Audart Hus** ou **Hux**, sieur du Bois, originaire de Nantes, conseiller au Parlement depuis 1606 ; il est décédé à Rennes le 25 août 1626.

payé	Les Loix abrogées adjugée aud. s^r de la Cocquerye à trois souls, cy.	»	3^s

payé   Les Loix abrogées adjugée aud. s^r de la Cocquerye à trois souls, cy. . . . .   »   3^s

	sols, cy.	»	16ˢ
payé	Un Règlement de Chenu adjugé à mons. de la Raffinière à vingt souls, cy.	»	20ᵃ
payé	Argentrei opera in follio en veau rouge absolu aud. sʳ de la Villemollé à soixante quatre sols. .	3ˡ	4ˢ
payé	Sintagma Juris in follio relié en veau rouge absolu aud. sʳ de la Villemollé à six livres, cy. .	6ˡ	»

Le sommaire de la vante des meubles cy devant mentionnés s'est trouvé monter sauf erreur de calcul à la soᵉ de trois cents trante une livres un soult, partye de laquelle soᵉ a esté par led. Boussart receue coᵉ est escrit en marge de chaincun article de ceux qui ont payé sauf aud. Boussart et aud. nom a se fᵉ payer des autres qui n'ont payé coᵉ il voira lavoir affaire, ayant esté le tout des meubles absolu de son consentᵗ, de tout quoy nous avons raporté acte, mesme de ce que led. Boussart a payé à Mᵉ Urbain Ferré, libraire, pʳ la vacquation d'avoir prisé lesd. livres la somme de soixante soulz, à Mᵉ Beaucé poʳ vacquation d'avoir esté tant aud. prisaige que a la vante quarante soulz, à lad. Moullin, la somme de soixante solz poʳ sa vacquation d'avoir vacqué tant au prisaige desd. biens que la vente diceux poʳ les enschérir et aud. Gascher poʳ avoir descendu lesd. meubles et banny les enschères la soᵉ de soixante quatre soulz et ont lesd. Boussart et Beaucé signé et poʳ ce que lesd. Gascher et Moullin ont dict ne savoir signer ont fait signer à leurs reqᵗᵉˢ scavoir led. Gascher Mᵉ Blaise Lobineau, clerc, et lad. Moullin, Jan Leray, clerc.

URBAINS FERRÉ
libraire

BOURRIOT
présent à ladite vante

JAN BEAUCÉ

LERAY   LOBINEAU

G. BOUSSART

J. PINOT.

II

BAIL D'UN APPARTEMENT MEUBLÉ

(24 janvier 1626.)

Le vingt quatriesme jour de Janvier mil six cent vingt six apprès midy, a comparu en personne noble homme François Belhomme sieur de la Fontaine, demeurant à sa maison à Rennes rue de la Fannerye, lequel a loué et affermé ce qu'il promet garentir et faire jouir paisiblement le temps et espace de six mois commansaictz au premier jour d'aoust et finissant au d[er] jo[r] de janvier, led. temps expiré à Monsieur Me Pierre du Bot [1], con[er] du Roy en sa Cour de parlement de ce pays présant et acceptant scavoir est : ung logeix et maison aud. s[r] de la Fontaine appartenant situé près la rue St Georges dudict Rennes advis le logcix de la Harpe, auquel il y a deux chambres haultes, une cuisine haulte, deux cabinets, scavoir un en la chambre haulte et l'aultre en la salle basse, une antichambre au bout de la gallerye qui est sur l'escurye, promettant led. s[r] de la Fontaine faire mettre un trillye (*treillis*) po[r] servir lad. gallerye, plus une petite chambre qui est au hault de la monstée, un grenier en forme de gallatail (*galetas*) au-dessus de lad. chambre, une salle basse, une cave, une escurye, trois tables, une en la grand chambre aveq un tapiz, aultre en la salle basse aveq aultre tapiz et la troisiesme en la cuisine, une douzaine de chesres tapicées, scavoir une demye douzaine en la salle basse, une demye douzaine en la chambre haulte, demye douzaine de tabouretz couvertz, quatre litz garniz de couetes, matelatz, couvertures, ridiaux... desquelles choses led. sieur du Bot promet jouir et dispozer en bon mesnaiger sans rien y mal mettre ne détériorer et payer aud. s[r] de la Fontaine pour jouissance d'icelles

---

1. Pierre du Bot, seigneur de la Barillére, conseiller à la Cour depuis le 13 décembre 1624. Il est mort en fonctions vers le mois de janvier 1644.

po^r lesd. six mois, chacun an, la somme de deulx cents livres t^s payable au finissement desd. six mois. Et aud. paiement et accomplissem^t de lad. convension obligation respective desd. partyes en ce que à chaincun le faict touche... avons condemnés et avec submission à icelle et à la provosté... Fait et gré aud. Rennes auxd. choses avecq les seings desd. partyes lesd. jo^r et an.

P. Du Bot   **Belhomme**

H. Pailleteur   **J. Pinot**

(notaire)   notaire

III

CONTRAT D'APPRENTISSAGE D'UN CHIRURGIEN

(3 mars 1626.)

Le troisiesme mars mil six cent vingt six avant midy, p^{nt} en personne par n^{tre} cour royal de Rennes mi^{re} Pierre Aribart, recteur de la paroisse de Marcillé-Robert, Evesché de Rennes, leq^l faisant tant en privé nom que pour mi^{re} Jan Cherpantier, dem^t en l'abbaye de St Jan des Prés, près Jocellin auq^l il promet s'oblige faire ratiffier les p^{ntes} et s'oblige avecq luy joinctem^t a l'ex^{on} d'icelles dans Pasques prochain, demeurant led. s^r recteur aud. Rennes près l'église St Sauveur; et Hubert Constant, m^e chirurgien du Roy en sa compaignie de chevaux légers sous la conduite de M. le duc de Lusanbourg, dem^t pareillem^t aud. Rennes, rue St Georges, d'une et autre part, entre lesq^{ls} a esté faict l'acte et convension qui ensuict par laquelle led. s^r recteur a mis Charles Tanneron, natif de St Germain en Laye, nepveu dud. Cherpantier a demeurer deux ans entiers cheix led. Constant qui ont commencé ce jo^r et finiront à pareil jo^r lesd. deux ans expirés po^r apprendre l'art de chirurgerie, pendant leq¹ temps led. Constant promet et s'oblige monstrer et enseigner led. art et vacquation fidellement, sans rien luy receller, coucher, lever et nourir led. Tanneron bien et honnestem᠆ co⁰ appartient à garson aprentif de pareille vacquation, po⁰ ce que icelluy Tanneron servira aussy led. Constant aux chosses licites et honnestes ausquelles il sera occupé et outre po⁰ et en faveur de la so⁰ de cens livres tˢ, a valloir sur laq^lle so⁰ led. Constant a présentem᠆ devant nous receu dud. s⁰ recteur la so⁰ de soixante livres tˢ en espèces de pièces de saize soulz et autre monnoye jusques à la concurance de lad. so⁰ et po⁰ le surplus, cy est la so⁰ de quarante livres led. s⁰ recteur aud. nom promet et s'oblige la payer aud. s⁰ Constant dans le jo⁰ et feste de S᠆ Jan Baptiste prochain venant po⁰ tout terme : sommé et requis de respondre de la fidellité dud. Tanneron et en cas que icelluy Tanneron s'en yroit sy on n'estoict pas acordant, innopiné avant lesd. deux ans expirés, led. Constant prendra sy bon luy semble un serviteur le sallaire duq¹ led. s⁰ recteur et aud. nom fera tenir et payer, mesmes la despance dud. serviteur po⁰ pareil temps q¹ restera desd. deux ans; et en oultre promet led. s⁰ recteur de Marcillé et aud. nom entretenir d'habits led. Tanneron pendant led. temps honnestem᠆ co⁰ appartient à aprentif de pareille vacquation; et aud. paiem᠆ et accomplissem᠆ de ce que devant obligation respective desd. partyes en ce que à chaincun le faict touche en toute forme de biens o exécu⁰ⁿ et vante et a voullu, juré, renoncé par exprès led. recteur au bénéfice de division et autres droicts à luy favorables et condemnés etc avecq submission à icelle et à la provosté etc po⁰ y procéder... Faict et gré aud. Rennes, dem^re dud. Constant avecq lesd. seings desd. partyes.

H. Constant

Cormier

n^re royal

Pierre Aribart

Pinot

(notaire)

IV

VENTE DE DENRÉES ET COMBUSTIBLES

(2 juillet 1627.)

Le deux^me juillet mil six cent vingt sept avant midy p^nt en personne par no^re cour royal de Rennes Jullien Barbot, marchant,
dem^t à la mesterie du Grand-Bault, paroisse de St Hellier, proche
dud. Rennes, lequel a vendu et promis livrer dans le premier jo^r
de feb^r prochain venant à messire Pierre Descartes [1], seigneur de
la Bretalière, con^er du roy en sa cour de parlement de ce païs, p^nt
et acceptant scavoir est : douze mines d'avoine bonne et mar-
chande au prix de quatre livres la mine, un millier de fagots au
prix de quarante cinq livres le millier, cinq chartées de gros bois
sec en astelles au prix de dix livres dix soulz la chartée, deux
chartées de paille à quatre livres la chartée, lesquelles sommes re-
venantes ensemble à la somme de huit vingtz treze livres dix soulz
a valloir sur laquelle somme led. seigneur des Bretalières a pré-
sentement devant nous payé aud. Barbot la somme de soixante dix
sept livres dix soulz dont il l'enquicte et po^r le surplus du, cy est
quatre vingtz dix sept livres dix solz, promet led. seigneur de la
Bretalière la payer aud. Barbot acceptant dans led. premier feb^r
lorsqu'il fournira lesd. espèces en la demeurance dud. seigneur
des Bretallières; et aud. fournissement et accomplissement de ce
que devant, obligation respective desd. parties en ce que à chaincun le fait et touche en toute forme des biens et corps dud. Barbot, exécution et vente, etc prinson fermée de Rennes... Faict

1. Pierre Descartes, seigneur de Kerleau et de la Bretaillère, frère du
grand philosophe René Descartes, était conseiller au Parlement depuis 1618.
Marié en 1624 à Marguerite Chohan, dame de Kerleau, il est mort vers
1660.

et gré aud. Rennes, maison dud. seigneur des Bretalières avecq
son seing et celluy dud. Barbot lesd. jo^r et an.

JULLIEN BARBOT   P. DESCARTES

PINOT   LESEC

(notaire)   (notaire)

V

ÉTABLISSEMENT D'UNE MAISON DE SANTÉ TEMPORAIRE

(1631-1632)

La ville de Rennes a été fréquemment éprouvée, avant le
XVIIIe siècle, par des maladies épidémiques dont on ne con-
naît guère la nature et qu'on traitait comme on pouvait; ces
fléaux n'avaient pas de nom scientifique : on les appelait
uniformément la *contagion* ou le *mal contagieux*. On com-
prend qu'une population entassée dans des demeures mal-
saines et obscures donnant sur des rues étroites fût fréquemment décimée; toute épidémie trouvait un aliment facile, et
l'épouvante qui agitait les esprits devait encore rendre son
action plus meurtrière.

Si nous consultons les registres secrets du Parlement,
nous y lisons qu'au mois d'octobre 1628, le mal contagieux
sévissant à Rennes, la Cour commit Me Damien Jarry, chirurgien juré, pour soigner en leur demeure ou ailleurs les
présidents, conseillers et gens du roi, ainsi que leurs femmes
et leurs enfants, moyennant un salaire de cent livres par
mois à prendre par contribution.

Les audiences suspendues pendant quelque temps furent

rouvertes le 17 novembre; le collège des jésuites ne reprit ses élèves que le 2 janvier 1629.

Au mois d'août 1631, la contagion reparut; les conseillers chargés de la police signalèrent à leurs collègues que plusieurs maisons de la rue Reverdiays étaient déjà infectées, que pour empêcher la communication de la maladie, ils avaient fait apposer des cadenas sur les portes de ces maisons, mais qu'on ne tenait pas compte de ce moyen préventif et que ceux qui habitaient les logis contaminés continuaient à communiquer avec le peuple. La Cour ordonna une information et au préalable fit défense à ceux qui étaient dans l'air infecté de fréquenter le peuple, frappant d'une amende de cinq cents livres et même de mort le fait de lever les cadenas. Il paraît que l'épidémie venait de l'Anjou; car le même arrêt du 26 août 1631 défendit au messager d'Angers d'amener des ballots et des marchandises de cette ville.

En septembre, le mal devenait plus sérieux; la Cour députa près du roi Pierre Monneraye, greffier, chargé de solliciter la suspension momentanée de la séance du Parlement. En outre, elle s'assura d'une maison sise près de Saint-Étienne, dite de *la Garoulais*[1], où les membres du Parlement, leurs femmes, enfants et domestiques pourraient être traités. M⁶ Damien Jarry fut commis, comme il l'avait été en 1628, pour donner ses soins aux mêmes conditions, sauf à augmenter.

Une lettre du roi du 13 septembre autorisa les magistrats à former, pendant trois mois seulement, une seule chambre

---

1. La Garoulais était située dans la rue de ce nom ou rue Basse, sur le bord de l'Ille. Nous ne savons si dès 1631 elle appartenait à la famille Huart; en tout cas, elle dépendait en 1669 de la succession de Gervais Huart, conseiller au Parlement. La maison était assez vaste; on y remarquait une tour octogone *hors la quadrature du logement*. (Cette note nous a été fournie par M. le comte de Palys, qui descend des Huart par M‖ᵉ d'Armaillé, sa mère.)

avec un président et vingt conseillers qui pourront être changés de mois en mois.

La contagion augmentant, la Cour, le 25 septembre, mit en vacances pour quinze jours le présidial et la prévôté de Rennes ; le 6 octobre, elle interdit la foire aux oignons, enjoignit à ceux qui étaient venus pour y prendre part de se retirer et défendit aux taverniers et cabaretiers de les recevoir ou de leur donner à manger, sous peine de cinq cents livres d'amende.

Le 17 du mois d'octobre, une procession générale parcourut la ville pour demander à Dieu la cessation de la contagion et la Cour y assista. Dès cette époque l'épidémie paraît avoir diminué ; du moins nous ne trouvons plus dans les registres secrets aucune mention du mal contagieux qui avait fait jusque-là beaucoup de victimes.

Quelques auxiliaires du Parlement, parmi lesquels Jean Derval, sieur de Varière, conseiller référendaire à la chancellerie, Jean du Quellenec, sieur de la Brosse, Jean Truillot, sieur du Chesne, et Pierre de Montalembert, sieur de Saint-Gravé, procureurs à la Cour, jugèrent que l'exemple des magistrats était bon à suivre et résolurent d'établir aussi, à leur usage particulier, une maison de santé temporaire. Le 13 octobre 1631, ils formèrent une société pour l'établissement et le fonctionnement de ce petit hôpital et chargèrent les associés que nous venons de nommer de prendre toutes les mesures que comportait la situation.

Il y avait hors les murs, dans un endroit voisin de celui où l'on a élevé la maison centrale, une ferme et des terres dépendant de la chapellenie de Beaumont, l'une de celles qui se desservaient à la cathédrale. Les commissaires de la société sous-louèrent le logement et le disposèrent en vue de sa destination nouvelle. Voici quelques-uns des actes qui furent dressés à cette occasion. Nous ne reproduisons in extenso que ceux qui nous ont paru les plus intéressants ;

nous nous contenterons de mentionner et d'analyser les autres.

1° Location d'une maison à Beaumont.

Devant nous nottaires royaux à Rennes soubs signés ont comparu en leurs personnes nobles gents Jean Derval, s^r de Varière, co^{er} et réferendere en la chancellerye de ce pais, Jean du Quellenec, s^r de la Brosse et Jean Truillot, s^r du Chesne, p^r en la Cour de parlement de ce pais tant en leurs noms que faisant pour les desnommés en l'acte du 13 du présent moys pour l'establissement d'un lieu particulier au proche de cette ville auquel ils puissent estre traitez et secouruz en cas qu'il plaise à Dieu les afliger du mal contagieux qui est de presant en ceste ville, d'une part, et Guillaume Quérard, sous-fermier de la maison ou terres du prieuré ou chapelenye de Beaumont proche les fossés de ceste ville y demeurant, d'autre ; entre lesquels a esté faict l'acte qui ensuilt par lequel led. Quérard a relaissé aud. sieurs Derval, du Quellenec et Truillot èsd. noms la maison et logementz dud. prieuré et chapelenye de Beaumont, cour et jardin en dépendant pour le temps d'un an a commanser de ce jour pour s'en servir et leurs consorts au susd. effaict se reservant seullem^t led. Quérard la jouissance et disposition de toutes les terres dépendantes dud. prieuré fors lesd. maison et jardin, comme aussi il a relaissé aud. sieurs Derval, du Quellenec, Truillot et leurs consorts la levée estant de présent aud. jardin pour en disposer ainsy que bon leur semblera... Pour désintéresser led. Quérard des incomoditez qu'il peut souffrir en son deslogement et transport de ses biens meubles, bestiaux, fouraiges, engraix, lesd. sieur Derval, du Quellenec et Truillot ont présant^t et reellement devant nous payé aud. Quérard la somme de six vingtz neuf livres t^s en espèces de pistoles d'or et autre monnoie jusque à la concurrance de lad. somme dont il les enquite et promettent outre à icelluy Quérard, en cas qu'il soit mins aucuns malades auxd. maisons de les faire deserer et remettre en estat qu'il s'en puisse servir passé dud. temps au finissem^t duq^l en cas que led. mal continuast davantaige, ils promettent aussy en continuant lad. jouiss^{ce} pour la seconde année, ce que leur sera libre de faire, s'ils en ont besoing, de descharger led. Quérard du prix de sa ferme pour la seconde année vers le prieur ou son fermier en sorte qu'il n'en recevra aucune incomodité, comme aussi de le libérer et acquiter vers eux en cas q¹ serait inquiété pour le sujet du présent acte... Fait et gré aud. Rennes au tablier de Pinot, noʳᵉ, avec les seings desd. sʳˢ Derval, du Quellenec et Truillot et celluy de Jullien Aumont, clerc pⁿᵗ à reqᵗᵉ dud. Quérard... le dixneufiesme jour de octobre mil six cent trente un après midy.

	DERVAL		TRUILLOT	
	DU QUELLENEC			
BOULLÉ			AUMONT	PINOT
(notaire)				(notaire)

Il ne suffisait pas d'avoir une maison, il fallait encore qu'elle pût recevoir les malades. Avant même que la sous-location fût signée, des marchés étaient déjà conclus depuis le 15 octobre avec trois maîtres ouvriers de la rue Haute, Michel Poupart, charpentier, François Pillard, maçon, et Jean Pillard, couvreur en ardoises.

Le maçon s'engagea à faire et à maçonner deux cheminées, à paver les foyers et à ouvrir deux fenêtres au Midi, plus deux portes, le tout moyennant 113 livres.

Le charpentier eut à faire les manteaux des deux cheminées, les chambranles et accoudoirs des deux fenêtres et les chambranles des deux portes; son forfait montait à 30 livres.

Le couvreur fut chargé de démolir et de faire le passage des cheminées et de réparer les toitures en fournissant tout ce qui était nécessaire, moyennant 22 livres.

Ce fut aussi le charpentier qui fournit de vieux châssis de croisées pour les nouvelles fenêtres.

La grange fut en outre partagée en deux par une cloison; on y ouvrit une porte.

D'autres travaux complétèrent la mise en état des bâtiments.

Nous remarquerons en passant que le prix convenu fut versé par devant notaire, la moitié en passant l'acte et le surplus au moment de la livraison du travail. Le 16 novembre, tout était fait et payé.

La maison reçut quelques meubles indispensables dont nous trouvons le détail dans un acte de récolement ci-après reproduit; enfin, on s'assura le concours de hérauts *(infirmiers)* et d'une servante pour tout le temps de la contagion. Nous ignorons si un seul malade a été soigné à Beaumont.

2° *Location de hérauts.*

Devant nous no^{res} royaux à Rennes soubzsignés ont compareu en leurs personnes Gilles Callé, demeurant au lieu du Colombier et Jullien Mestaïer, demeurant au Puir Mauger près cested. ville de Rennes, paroisse de Toussaincts, lesquels ont promis et se sont obligés à nobles gentz Jean Truillot, sieur du Chesne, Pierre de Montalembert, sieur de Sainct-Gravé, procureurs en la Cour, faisant tant pour eux que pour leurs consorts desnommez en l'acte du treiziesme du présant moys, de servir de héraultz à la maison de Beaumont, où lesd. Truillot et de Montalembert et leursd. consortz ont arresté de se faire traicter et leurs familles en cas qu'il plaise à Dieu les visiter du mal de contagion dont cested. ville est à présant afligée autant de temps que le mal durera et de rendre tout le service requis à lad. charge tant pour porter malades de leurs maisons aud. lieu de Beaumont, les servir au mesme lieu, que pour la sépulture de ceux qui décèderont à la maison de la santé de cetd. ville, mesme pour désairer les maisons q. seront afligées, si on désire les y employer, pourquoy faire lesd. sieur du Chesne et de St-Gravé prometent leur payer a chaincun d'eux par moys la somme de trente livres et pour vingt solz d'eau de vye durant le temps q^{ls} seront en l'air, outre leur bailler à chaincun une casaque de tiretaine et quatre livres dix sols pour avoir des bottes, et atendant led. temps leur dellivrer par chaincun jour, scavoir huict sols pendant q^{ls} travailleront au jardin dud. lieu de Beaumont et cinq sols les autres jours, à la charge qu'ils coucheront aux maisons dud. lieu pour la conservation d'icelles et des meubles et provisions qui y seront mis à laquelle fin leur sera baillé un lict garny de paillasse, matelatz et couverture; et dès à p^{nt} leur a esté payé par avance sur lesd. journées à chaincun la somme de dix livres dont ils en ont quicté lesd. Truillot et de Montalembert, pour les autres journées ou lesd. trante livres par moys, ils leur seront payés de huict^e en autre et accordé qu'en cas que lesd. Callé et Mestaïer soient frapés de mal rendant led. service, ils seront traictés aud. lieu de Beaumont s'il y a lors autres malades, aux frais de la compaignye ou à la maison de la santé de cested. ville à l'option de ceux de la société et q. leurs gages courront durant le temps de leur maladye et de leur desairem^t; et à l'acompliss^t de ce q. devant obligation respective desd. partyes en ce q. à chaincun le fait touche, en toute forme de biens et corps desd. Callé et Métayer et exéc^{on} et vante et prinson fermée dud. Re^s ..... Fait et gré aud. Re^s au tablier de Pinot, no^{re}, ce vingt neuf^e d'octob^{re} mil six cens trante un après midi, avecq les seings desd. Truillot et de Montalembert et pour ce q. lesd. Callé et Métayer ont dit ne scavoir signer ont fait signer à leurs req^{tes}, scavoir led. Callé, Jullien Aumont, clerc, et led. Métayer noble ho^e Bernard Robin, s^r de Penanquer, pn^{ts} lesd. jour et an.

TRUILLOT   AUMONT

DE MONTALEMBERT   BERNARD ROBIN

BOULLÉ   J. PINOT

(notaire)

3° Marché avec une servante.

Le dernier jour d'octob^{re} mil six cens trante un avant midi présente en personne par nᵉ cour royal de Reˢ perrine Minguené, veuffve de deffunct René Rameu, vivant Mᵉ Boulanger, demᵗᵉ près le forbourg de la Reverdiays dud. Reˢ laqˡᵉ a promis et s'est obligée à nobles gentz pierre de Montalembert, sʳ de Sᶜᵗ Gravé et Jean Truillot, sʳ du Chesne, pʳˢ en la Cour, demtᶻ en cette ville de Reˢ, tant en leurs noms que faisant pour leurs consortz et consegʳᵉˢ de l'acte passé entr'eux le treᵉ du pⁿᵗ moys de servir à la maison de Beaumont où lesdˢ Truillot et de Montalembert et leursd. consortz ont arresté de se faire traiter et leurs familles en cas qˡ plaise à Dieu les visiter du mal de contagion dont cette ville est a pⁿᵗ affligée, autant de temps que led. mal durera, à traiter les malades ou faire autre service qu'on désirera d'elle; pourquoy faire lesd. sʳˢ de Sᶜᵗ Gravé et du Chesne promettent lui paier la somme de vingt livres tᶻ par chaque moys pour gaige et nourriture durant quˡˡᵉ sera en employ et quatre solz par jour pour luy donner le moyen de vivre en atendant, dont elle sera payée par la sepmaine; et dès a présant lesd. sʳˢ de Sᶜᵗ Gravé et du Chesne ont présantᵗ payé a lad. Mainguené la somme de six livres tᶻ par advance sur lesd. journées, dont elle s'est contentée et les a quitez; pour les autres journées ou lesd. vingt livres par moys, elle luy sera payée de huictᵉ en autre, et accordé qu'en cas q. la dᵉ Mainguené soit frappée dud. mal rendant led. service, elle sera traictée aud. lieu de Beaumont, s'il y a lors autres malades, aux frais de la compaignye ou à la maison de la santé de cetted. ville à l'option de ceux de la société et q. ses gaiges courront durant le temps de sa maladye et de son désaireᵗ..... Faict et gré aud. Reˢ au tablier de pinot, noʳᵉ, avecq les seings desd. Truillot et de Montalembert et celluy de Jean Bellier, cordonnier aud. Reˢ, pⁿᵗ à reqᵗᵉ de lad. Minguené..... lesd. jour et an.

J. Bellier

Truillot   Demontalembert

Boullé   J. Pinot

(notaire)   (notaire)

Le quinzᵉ jour de janvier mil six cens trante deux avant midy, présente en personne par nʳᵉ cour royal de Reˢ, lad. Perrine Mainguené desnommée en l'acte cy devant laqˡᵉ a confessé avʳ ce jour receu dud. sʳ du Chesne aussy en personne la somme de neuf livres saize solz pour un moys et demy de ses gaiges escheus ce jour pour les causes contenues aud. acte de l'autre part, de la qˡᵉ somme de neuf livres saize solz, lad. Mainguené quicte led. sieur du Chesne. Et ont de ce jour lesd. partyes résilié d'un commun consentement led. marché, veullent et aresentent qˡ n'ayt désormais aucun effaict pour le temps advenir, et ainsi l'ont voullu et consenty..... Fait et gré aud. Reˢ au tablier de Pinot, noʳᵉ, avecq le seing dud. Truillot et celluy de Jullien Aumont, clerc pⁿᵗ à reqᵗᵉ de lad. Mainguené... lesd. jour et an.

TRUILLOT

AUMONT

MOREL
(notaire)

J. PINOT

4° Récolement du mobilier de la maison de santé.

Le douziesme jour de febvrier mil viᶜˢ trante deux, devant nous notaires royaulx à Rennes soubsⁿᵉˢ a comparu en sa personne Jullien Mestaïer, jardinier, demeurant au puits mauger près le faubourg de la Magdeleine de ceste ville de Rennes leqˡ a recogneu et confessé que les espèces de meubles cy après ont cy devant esté mises en la maison du prieuré ou chapelenie de Beaumont près cested. ville par nobles gens Jan Derval, sieur de Varière, Jan de Quelenec, sieur de la Brouce, Pierre de Montalambert, sieur de Sᵗ Gravé, et Jan Truillot, sieur du Chesne, procureur en la cour de parlement de ce païs en leurs noms, faisant pour leurs consorts et qu'il a esté chargé par eux de la garde et conservation desd. meubles et des clefs desd. maisons, scavoir douze charlits ou couschètes à pavillon, dix paillasses, cinq matelats, une cathelogne jaulne et deux couvertures de colines (?), quatre linceux et six tables sur croué *(croix),* toutes lesquelles espèces de meubles il promet représenter et rendre auxd. sieurs de Varière, de la Brouce, de St Gravé et du Chesne ou leursd. consorts toutes fois et quantes qu'il leur plaira, et à ce faire obligation dud. Mestaïer en toute forme de biens et corps o exéc[on] et vante et a prinson fermée de Rennes... Fait et gré aud. Rennes au tabelier de Pinot, no[re] avecq le seing de Jullien Aumont, clerc p[nt] à req[te] dud. obligé... lesd. jour et an.

AUMONT

BOULLÉ   J. PINOT.

VI

VENTE PIGNORATIVE [1]

(17 avril 1632.)

Le dix septiesme jour d'avril mil six cens trante deux avant midy présant en personne par nostre cour royal de Rennes Nicolas

---

1. L'acte du 17 avril 1632 revêt l'apparence d'une vente : nous n'y voyons qu'un prêt, garanti par un gage d'une nature particulière, qui n'avait de valeur que ce que valait l'honneur de Chérel. Ce dernier restait en possession de sa vache et payait l'intérêt des dix livres prêtées en fournissant à Vinet vingt livres de beurre, ce qui représentait un taux de 15 ou 20 % au moins. Le prêt à intérêt était prohibé, mais on tournait la difficulté soit par la constitution de rente perpétuelle, soit par un contrat comme celui-ci.

Nous en trouvons un autre exemple dans les minutes du même notaire. Un ancien huissier du nom de Ruault, demeurant rue aux Foulons, devait à Gilles Fouesnel, marchand de drap à Rennes, diverses sommes montant en tout à 270 livres, au paiement desquelles il avait été condamné par sentence de la prévôté du 21 mars 1622, sans préjudice des intérêts et des dépens. Le créancier menaçait de faire emprisonner son débiteur et mettait arrêt sur des deniers qui lui appartenaient. Les époux Ruault supplièrent Fouesnel de surseoir aux poursuites ; celui-ci y consentit, mais en exigeant une vente de leur mobilier dont il acceptait le prix en paiement à compte sur ce qui lui était dû.

Tout fut estimé, le lit des époux, leur buffet à deux armoires, leur table

Chérel, laboureur, demeurant au village de la Bruière, p^{sse} de
S^{ct} Martin lès Rennes, d'une part, et Me Claude Vinet, greffier aux
req^{tes} du pallais à Rennes, d'autre ; entre lesquels a esté faict l'acte
qui ensuict parce que led. Chérel a vandu aud. Vinet une vache
en poil rouge, escornée d'une de ses branches, pour la somme de
dix livres t^s laq^{le} somme de dix livres led. Chérel a confessé av^r ce
jour receue dud. Vinet dont il s'en contente et l'en quicte, leq^l
Vinet a relaissé aud. Chérel lad. vache a bien faict pour un an entier qui a commencé ce jour et finir à pareil jour, pandant leq^l
temps icelluy Chérel sera tenu de bien nourir et soingner lad.
vache et en cas qu'elle mourroit par sa faute sera tenu payer lad.

avec une demi-douzaine d'escabeaux en bois, leur *garde-robe couverte
de cuir et clous avec sa serrure et son soubassement* (prisée 12 liv.),
une petite couchette d'enfant, la vaisselle d'étain (66 liv. à 8 sous la livre),
la batterie de cuisine, le linge de maison, la literie. L'acte poursuit ainsi :

« Tous lesquels meubles cy devant mentionnés se sont trouvés revenir suivant qu'ils
sont cy devant prisés la somme de trois cent vingt six livres treze sols, sauf erreur de
compte, po^r paiemant de laquelle somme de trois cent vingt six livres treze sols led.
Fouesnel les a pris et acceptés à valloir sur son deub et partant quicte iceux Ruault
et f^e d'autant... Après ladicte vante desd. meubles cy devant mentionnés... sur ce
que icelui Fouesnel les voullait faire déplacer de leur demeurance et iceux faire con-
duire en la sienne, iceux Ruault et femme ont suplié et requis led. Fouesnel le leur
relaisir po^r un an entier pour s'en servir à leur usaige et nécessité avecq promesse de
les conserver, a quoy led. Fouesnel s'acordant a relaisé lesd. meubles auxd. Ruault
et f^e po^r led. temps d'un an en entier commansant ce jo^r et finissant à pareil jo^r,
promettant iceux, netoyer et conserver au mieux q^l leur sera possible et les rendre au
bout dud. an aud. Fouesnel, non dispers ny destériorés, et en cas qu'il y auroit quelque
dépérissement le payer ou lui payer lad. somme de trois cent vingt six livres treze
sols, le tout à option dud. Fouesnel... Faict et gréé aud. Rennes, demeurance desd.
Ruault et femme, avecq les seings desd. partyes le quatorziesme novembre mil six
cent vingt quatre après midy, et ce présent confié et déposé entre les mains de noble
homme Jan de Languedoc, s^r de la Monneraye, ad^t en la cour du consentement desd.
partyes jusques à samedi prochain, pendant leq^l temps lesd. Ruault et f^e toucheront
les deniers arrestés par led. Fouesnel. »

Ici encore, la vente n'apparaît pas comme un acte sérieux : elle constitue
une simple prorogation de délai, moyennant une garantie morale et proba-
blement aussi un taux d'intérêt très-supérieur à 5 %, Ruault étant tenu
au bout de l'année, ou de payer 326 livres 13 sous, ce qu'il ne sera peut-
être pas en état de faire, ou d'abandonner à son créancier un mobilier dont
il ne peut se passer et qui a été vraisemblablement estimé au-dessous de sa
valeur.

somme de dix livres et pour bienfaict de lad. vache, led. Chérel a promis et s'est obligé payer aud. Vinet le nombre de vingt livres de beurre au finissem^t dud. an, et à ce faire... Fait et gré aud. Rennes au tablier de Pinot, no^{re} avecq le seing dud. Vinet et celui de Jullien Aumont, clerc p^{nt} à req^{te} dudit Chérel lesd. jour et an.

AUMONT   VINET

BOULLÉ   J. PINOT

(notaire)   (notaire)

VII

VENTE DE BIJOUX ET OBJETS MOBILIERS

(25 novembre 1644.)

Messire René du Grasmesnil, seigneur du Boisblin, originaire du pays de Vitré, avait été reçu au Parlement le 6 juin 1642 en qualité de conseiller et commissaire aux enquêtes. Sa femme, Urbane de Montours, voulant faire figure à Rennes, le décida à acquérir d'un de ses collègues les objets dont l'acte ci-après nous donne le détail. A ce moment, François Gouyon, veuf de sa première femme, Louise de Lescouët, ne songeait peut-être pas à se remarier, et renonçant à un luxe qui lui devenait inutile, il consentit à la vente dont voici l'acte :

Le vingt cinquiesme jour de novembre mil six cens quarante quatre, par devant... a comparu messire René du Grasmesnil, ch^{er}, seigneur du Boisblin, con^{er} en la cour, demeurant en cette ville de Rennes, rue du Chapitre, lequel est congnoissant et confessant debvoir à messire François Gouyon, seigneur de Launay-Comatz,

aussi conseiller à la cour... la somme de six mil quatre cents livres
pour la vente baillée et livrée ce jour luy faite par ledit seign^r de
Launay-Comats d'un tour de perles rondes contenant quarante
deux perles, une houeste (*boîte*) de portraict cn diamans, un carosse doublé descarlatte avecq ses couesins (*coussins*) et rideaux
de pareille étoffe, quatre chevaux, savoir trois quevalles et un
hongre, le tout en poil bay, prins avec leurs siz et ohiz, renonçant
aux droits de redibittouaires et les quatre harnoys de chevaux po^r
led. carosse... Item un grand lit descarlatte de seix à sept pieds à
caban doublé de taffetas rouge cramoisy et enrichy tout autour
d'une molette d'or de quatre doigts garny de sa courte-pointe de
taffetas avecq sa frange d'or, plus deux fauteuils descarlatte aussi
garnis de molette et un tapis de table aussi descarlatte, troys
chesres de vellours garnies de mollettes, outre un gros diamant en
bague, le tout desd. chosses estimées entre partyes à lad. so^e desquelles et de la livrée d'icelles led. seign^r du Boisblin s'est contenté
et quitte led. seigneur de Launay-Comatz, laquelle somme de seix
mil quattre cens livres led. seign^r du Boisblin a promis et s'est
obligé à payer ... d'huy en un an prochain venant ... et aussi luy
oblige sollidairement dame Urbane de Montours, son épouze, lad.
authorizée deubmant en fournir acte vallable aud. seigneur de
Launay-Comatz dans le moys... Faict et passé aud. Rennes en la
demeure dud. seigneur de Launay-Comatz...

RENÉ DU GRASMESNIL

bonne pour six mille quattre cens livres

MAHÉ

n^{re}

FRANÇOIS GOUYON

acceptant

BERTELOT

notaire

VIII

VENTE DE VIN

(19 novbre 1661.)

Il y avait encore des vignes, en 1661, dans la paroisse de Mernel; on y faisait du vin et ce vin trouvait des acheteurs [1]. Tout le monde sait qu'en Bretagne on cultivait la vigne dans beaucoup d'endroits où cette culture a depuis longtemps disparu. Ainsi, aux portes de Rennes, à Bruz, la profession de vigneron occupait au moins un homme en 1690 : les registres paroissiaux ont gardé trace du mariage de Pierre Millet, *vigneron*, demeurant à la maison des Loges (25 septembre 1690). Le vin qu'on récoltait dans nos froides contrées était utilisé pour la messe et consommé par ceux qui ne pouvaient se procurer, à haut prix, les vins d'Anjou, de Touraine, de Bourgogne et de Champagne.

L'acte que nous reproduisons nous renseigne sur le prix de cette boisson à cette époque : la pipe étant comptée pour environ 650 litres, on voit qu'à 50 livres la pipe, l'hectolitre coûtait 7 ou 8 livres, pris à Rennes.

Le dix neufviesme jour de novembre 1661, devant nous... ont personnellement comparu messire Charles de Sevigné, chevallier, seigneur comte de Montmoron, la Guinebergère, etc., con[er] du Roy en son parlement de Bretagne résidant à son hostel près la rue St Sauveur de cette ville d'une part, et Jean Veillot, marchand, et Marguerite Poupaille, sa femme, elle le requérant de luy deub-

---

1. On ne cultivait plus la vigne dans ce pays en 1780; le Dictionnaire d'Ogée n'y mentionne que des terres en labour.

ment authorizée... résidant près la rue St Sauveur, d'aultre part;
entre lesquels a esté faict le p[nt] acte par lequel led. seigneur de
Montmoron vand aud. Veillot et femme le nombre de onze pipes
de vin du crû de la Guinebergère [1], dont du goût et bonté lesd.
Veillot et femme se contentent, sont saisys de la clef de cave en
laquelle est ledict vin et pour le prix et vente d'iceluy en ont convenu raison de cinquante livres chaque pipe, faisant pour les onze
cinq cent cinquante livres à valloir sur laquelle... led. seigneur
a... au veu de nous... receu d'iceux Veillot et femme en louis d'ar-
gent et autre bonne monnoie la somme de cent livres, de quoy led.
seigneur se contente et les en quitte, le surplus... payable à deux
termes égaux par moityé, scavoir une moityé dans les premiers
jours de Caresme prochain et l'autre moityé au jour et feste de
Pasques... à quoi faire obligaon desd. Veillot et femme assemble-
ment, joinctem[t] et sollid[t]... renoncé... par lad. femme au droit de
Velleyan *si qua mulier* et à tous privilèges... Faict aud. Rennes en
l'hostel dud. seigneur soubs son seing, celui de ladite Poupaille et
de Julien Lucas à requeste dud. Veillot qui a dit ne scavoir signer,
cy mis

LUCAS   C. DE SEVIGNÉ

MARGUERITE POUPAILLE

CHABAULT   V. GOHIER
n[re] royal   n[re] royal

1. La Guinebergère, qui n'est plus aujourd'hui qu'une ferme, était alors
une terre noble de la paroisse de Mernel, près de Maure. Après avoir appar-
tenu aux Sévigné de Montmoron, elle a passé à la famille du Hallay, puis
aux Fournier de la Châteigneraye.

9 782019 970826